UNE ÉPREUVE

PAR

ALBERT EYNAUD

Extrait de la *Revue de Paris*

PARIS
IMPRIMERIE L. POUPART-DAVYL
30, RUE DU BAC, 30

1868

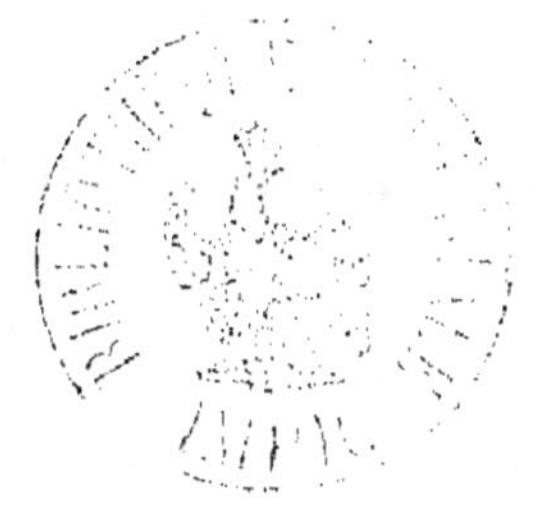

UNE ÉPREUVE

UNE ÉPREUVE

PAR

ALBERT EYNAUD

Extrait de la *Revue de Paris*

PARIS
IMPRIMERIE L. POUPART-DAVYL
30, RUE DU BAC, 30

1868

UNE ÉPREUVE

Glasgow, 25 septembre.

Mon cher ami, après avoir été ballotté pendant tout un jour sur la mer d'Irlande, je me croyais condamné au sort de l'ingénieux Ulysse, quand ma bonne fortune m'a fait aborder à une Ithaque qui se nomme Port-Patrick. J'y ai passé tout un jour, à l'hôtel des « Armes de Kendale » ; pour nourriture, du cochon ; pour boisson, du whiskey ; pour distraction, la vue du port dans lequel dorment trois ou quatre pauvres navires, et la lecture de la Bible. Tout cela suffit, sans doute, à la santé de l'âme et du corps; mais on trouve mieux à Paris, et je me suis mis à faire de sérieuses réflexions sur les désagréments des voyages d'agrément. Combien d'heures m'a-t-il fallu passer, depuis deux mois que je parcours les terres de S. M. Britannique, dans d'obscures et maussades localités, pour avoir le plaisir de contempler une demi-douzaine de belles choses comme les falaises de Starry et la Chaussée des Géants?

Et puis, mon bon ami, je sens que je vieillis horriblement; j'ai vingt-huit ans. On n'a pu signaler encore sur ma tête, il est vrai, le moindre cheveu blanc; mais je ne me sens plus mon ardeur d'autrefois; j'ai perdu la faculté d'admirer, et je suis loin du temps où je trouvais un air de campagne romaine à la plaine de Nanterre.

C'est donc avec joie que j'ai appris qu'il y avait, à Seldon, petit port situé tout près de la ville dont j'étais l'hôte, un garde-pêche français nommé *la Serpentine*, et commandé par notre ami Servières. Il y a quatre ans, au moins, que nous ne nous étions vus. C'est toujours le même Servières que tu as connu autrefois, avec moins d'étourderie et plus d'ambition. Nous avons évoqué ensemble, pendant deux grandes heures, tous nos vieux souvenirs, et il m'a emmené à Glasgow; nous y avons passé la journée, et cela t'explique pourquoi tu reçois de Glasgow cette lettre de ton obstiné correspondant et ami.

MAURICE.

27 septembre.

Heureux les peuples qui possèdent des paradis industriels semblables à Glasgow, mais malheureux les flâneurs qui s'y arrêtent ! Tous ces « grands centres » se ressemblent ; on y trouve une collection variée de cheminées d'usine, plus nombreuses que les minarets dans Constantinople. Le ciel tombant sur cette ville ne pourrait arriver jusqu'à terre; il demeurerait suspendu à ces colonnes du temple de l'industrie.

Je comptais me diriger sur Édimbourg, mais Servières veut que je modifie ma route. Il veut que j'aille visiter en son nom une cousine qu'il a quelque part du côté de Rothsay, et qui est mariée à un Anglais possesseur d'une petite île dans le détroit de la Clyde. L'île se nomme Heathmore, la cousine s'appelle lady Vendeville. C'est, dit-on, la plus charmante Française qui ait mis le pied en Écosse depuis que Marie Stuart eut la fâcheuse idée d'y revenir.

Servières m'a présenté à quelques amis qu'il a ici. Je dîne et je déjeune au club, je me lève tôt, je me couche tard, je visite le moins d'usines possible. Je suis reçu partout avec une bienveillance extrême, bien que n'étant pas encore chez les montagnards écossais; et j'ai peine à trouver des raisons polies pour ne pas me rendre aux invitations que me prodiguent ces nouvelles connaissances.

Il y a, parmi elles, un homme qui est bien le produit le plus singulier de ce pays où cependant les types curieux ne manquent pas. C'est un clergyman nommé M. Sydney Mauvers. — Sydney est un prénom, ne t'y trompe pas; ici, l'on donne aux enfants des noms de famille en guise de « christian nomen, » de façon qu'ils s'appellent Sydney Tomson ou Montgomery Gibson, comme un Parisien de la rue Saint-Denis pourrait s'appeler Fénelon Durand ou Montesquieu Popinaud. M. Sydney Mauvers est donc, comme je te le dis, un clergyman, fellow de l'Université d'Oxford, qui n'a pas reçu les ordres et s'en tient, dans l'Église, au rang de diacre; sa situation lui vaut un assez joli revenu et une entière liberté tant qu'il n'aura pas une chaire à l'Université; seulement, le jour où il se marierait, adieu les deux cents livres! Il rentre dans la vie commune. Cela est bizarre, mais ce n'est pas d'aujourd'hui que j'apprends à ne m'étonner de rien sur le sol britannique. Voilà pour la situation sociale de l'individu. Pour le reste, figure-toi un gentleman plus farci de préjugés que quarante « unmarried ladies » gallophobes et papophobes; n'imaginant pas qu'on puisse manger autre chose que des roastbeefs anglais, porter autre chose que des habits anglais, lire autre chose que des livres anglais. Il n'apprécie en France ni le caractère national ni la bravoure militaire, ni l'histoire, ni la littérature, ni les arts; ses admirations se bornent, comme il dit, aux charmantes femmes et aux bons vins de notre pays. Et, comme je m'étonnais de le voir professer des doctrines si épicuriennes, il eut soin de me faire observer, en latin, que l'Église d'Angleterre n'a jamais interdit *formosas mulieres admirari bonisque vinis indulgere.* Brave homme, au fond, j'aime à le croire; mais j'ai peur de ses dissertations, et je frémis en songeant qu'il s'est offert à me guider chez sir Edward Vendeville, dont il est, lui aussi, le parent éloigné. Je n'ai pu dire non; nous partons demain : de quelle force sur les trente-neuf articles tu me trouveras à mon retour!

Une circonstance imprévue me mettait d'ailleurs dans la nécessité d'accepter cette proposition ; Servières, qui devait être mon introducteur à Heathmore, est obligé de reprendre la route du Nord pour aller rompre de nouvelles lances, du côté de l'île de Mull, contre les sauveteurs de je ne sais quel petit bateau français. Les côtes de ce pays sont une vraie Tauride; il ne fait pas bon y faire naufrage, et le pauvre Servières, redresseur de torts par le fait de son commandement, n'a pas à se croiser les bras. Dès qu'il sera libre, dans huit jours au plus tard, il reviendra me prendre à Heathmore, où ma présence était annoncée. J'ai reçu une invitation en règle, et je commence mes préparatifs de départ. Je regrette seulement de me voir condamné à paraître sous les auspices de ce clergyman bavard, au lieu d'être guidé par Servières.

30 septembre.

Mon cher ami, nous rions bien souvent de l'obligeante Providence qui entrecroise avec tant d'à-propos la route des héros de mélodrames, et leur ménage des rencontres si imprévues. Aujourd'hui, je fais amende honorable au Parnasse du boulevard du Crime. Devine qui je viens de retrouver à Heathmore?

Mais il faut, auparavant, que je revienne sur une aventure qui s'est presque passée sous tes yeux, et dont tu ne connais pas pourtant le premier mot. Je ne sais quelle pudeur m'a empêché de la raconter quand elle était encore toute récente. Voici le fait :

Te souvient-il d'un certain soir d'été — il y a de cela déjà sept ans bien comptés — où nous sommes allés rendre visite à madame de Champrevers, dans sa maison de Montluzy? Tu n'a pas oublié avec quelle grâce affectueuse l'excellente vieille femme nous recevait habituellement. Or, il y avait ce soir-là, chez madame de Champrevers, une jeune fille qui s'appelait mademoiselle Edmée Delaunay. Tu te la rappelles : grande, blonde, avec des yeux bleus et fiers, une Diane chasseresse de la Renaissance. Le hasard voulut que nous restâmes seuls, toi et moi, pendant quelques moments ; j'en profitai pour te faire part, en termes enthousiastes, de l'impression que me causait cette jeune beauté. Suivant ton habitude, tu souscrivis à mon admiration avec cinquante réserves dont je n'approuvai pas une seule, et qui me firent désespérer à jamais de ton goût.

Tu commenças bientôt ton éternel piquet avec notre vieille amie. Cela me valut un tête-à-tête avec mademoiselle Edmée, et franchement, je ne me plaignais pas de mon sort. Nous fîmes plusieurs tours devant la galerie, tout en échangeant quelques-unes de ces banalités qui sont comme les balles perdues d'une première conversation. Mon interlocutrice apprit que j'aimais la musique italienne, les tableaux de l'école florentine et les grandes stances en alexandrins. Elle écoutait avec assez d'attention ces intéressantes confidences, mais ne parlait pas beaucoup d'elle-même tout en me poussant un peu à parler de moi. Je continuais de bonne foi ; de temps à autre, en voyant ses grands yeux bleus arrêtés sur moi avec une bienveillance un peu railleuse, je me troublais subitement et modérais autant que possible le feu de mes improvisations. J'avais affaire à une jeune fille très-intelligente, très-froide et très-observatrice, qui m'étudiait, peut-être sans le savoir, et qui, en tout cas, prenait plaisir à comparer mon bavardage à tous ceux qu'elle avait entendus et dont elle s'était amusée déjà. Le sens et la mesure sont des qualités qui viennent vite aux femmes; bien que nous fussions du même âge, elle avait sur moi une foule de supériorités, celle, entre autres, d'une raison qui, d'après toi, ne m'est pas encore complétement venue. Et pourtant cette charmante personne me paraissait gracieuse et sympathique au dernier point; il me semblait qu'il y avait dans sa curiosité une indulgence encourageante, et je ne me sentais que très-passagèrement intimidé. Je ne savais pas encore son nom, je la voyais pour la première fois, et je comprenais que nous pouvions causer ensemble comme de vieux amis.

Au bout d'une heure, votre partie était en meilleur train que jamais. Madame de Champrevers savait, évidemment, que le cœur de la belle blonde ne courait aucun danger malgré les irrésistibles séductions de mon entretien, et nous laissait l'un à l'autre avec une entière confiance. Pour la première fois de ma vie, mon bon ami, je me pris à bénir ta passion des cartes, qui me valait ce doux loisir.

La nuit commençait à tomber; mademoiselle Delaunay et moi, nous fîmes quelques pas dehors, et bientôt nous nous mîmes à nous promener de long en large dans la principale allée du jardin. La belle et bonne soirée! Je vois encore le splendide coup d'œil que nous présentait la vallée, chaque fois que nous arrivions à la terrasse en quinconces qui s'étend devant la maison. Le couchant était tout rouge, et le soleil disparu laissait des traces d'or sur les sommets des petites collines. Le reste du ciel était bleu clair; les étoiles s'allumaient l'une après l'autre, et leur clarté, timide d'abord, devenait plus vive à mesure que l'obscurité s'épaississait autour de nous. La Seine coulait à nos pieds; la moitié de son cours se laissait deviner à peine; l'autre partie avait pris des teintes étranges et finissait par se perdre à l'horizon tout chargé de vapeurs. La plaine était immense et verte comme une mer. C'était l'époque des foins; de temps à autre on voyait briller un feu d'herbes sèches qui se réveillait et s'assoupissait tour à tour. Au milieu de ces paisibles scènes, un aboiement lointain, le bruit des grands chariots qui s'en reviennent au logis, se heurtant à toutes les bornes, troublaient seuls le silence. Nous nous sentions plongés en pleine nuit. Les tilleuls de la terrasse arrondissaient sur nos têtes une couronne de sombre verdure; les murs étaient devenus invisibles, et les futaies des parcs voisins se confondaient avec les derniers arbres du petit jardin, qui paraissait immense. En nous retournant, nous apercevions le fronton blanc de la maison, dont une seule fenêtre, celle du salon où vous vous trouviez, demeurait éclairée. Et nous causions, nous causions toujours, et je faisais des vœux pour que cette heure rapide durât un jour, un an, un siècle encore. Mon inconnue se laissait gagner au charme de cette belle soirée; elle daignait enfin parler un peu d'elle et me laisser soulever un coin du voile dont elle paraissait envelopper dédaigneusement ses pensées. Je sentais mon cœur monter à mes lèvres; j'étais comme ébloui en la regardant; à un certain moment, elle voulut s'envelopper de sa mante; je l'aidai de mon mieux; ce n'est pas beaucoup dire, car de ma vie je ne fus si maladroit; mais, tout en ramenant les plis rebelles de l'étoffe, je pus effleurer de mes doigts ses cheveux et son cou. Toutefois, je n'osais rien laisser voir de cette émotion; le regard si doux de mademoiselle Delaunay avait des expressions qui me glaçaient; je me sentais incapable de la moindre hardiesse, le trône du monde eût-il dû en être le prix.

Nous avions fini par nous arrêter à la balustrade de la terrasse; la nuit se faisait complétement; aucune étoile ne manquait plus à l'appel, et je regardais, tout rêveur, le Chariot qui escaladait le ciel au bout de la plaine, de l'autre côté de la rivière. La lune se leva bientôt, large, sereine, splendide. Elle fit briller un petit anneau d'or que je portais au doigt; c'était une feuille de palmier sur laquelle étaient écrits des caractères arabes. Edmée demanda à le voir; je le lui montrai. « Que veut dire cette écriture? » ajouta-t-elle. Je lui répondis que je n'avais guère songé à m'en informer, que cette bague m'avait été envoyée d'Alger par une de mes cousines, et que je ne la portais que rarement.

Là-dessus, nouveau silence. Mademoiselle Delaunay se mit à contempler la campagne; la voyant toute distraite et complétement oublieuse de son timide admirateur, j'en profitai pour la regarder. Elle était accoudée à deux pas de moi; elle avait une main plongée dans ses cheveux, retenus par un petit ruban bleu; de l'autre, elle rassemblait autour de son cou les plis de la mante, bleue aussi, qui la préservait de l'humidité du soir. Le vent, qui bruissait doucement dans les feuillages voisins, agitait au-dessus du front de la jeune fille une branche de clématite ou de vigne vierge du berceau. Un chant de marinier s'élevait dans le lointain, sur la Seine où la lune se mirait du haut du ciel. « Mademoiselle, osai-je dire enfin, vous m'avez déclaré que vous n'aimiez pas les compliments, et je serais au désespoir de vous déplaire. Laissez-moi vous avouer cependant que cette soirée est une des meilleures que j'aie passées encore ; permettez-moi d'ajouter que j'en garderai un souvenir charmant. Quand vous m'aurez depuis longtemps oublié, — continuai-je bravement, car j'avais brûlé mes vaisseaux — je penserai encore au bonheur que je vous aurai dû, et cette pensée m'aidera à supporter bien des ennuis. »

Elle se tut un instant, puis répondit, sans surprise ni colère : « Est-il vraiment possible, monsieur, de vous faire plaisir à si peu de frais? Bonheur, souvenir, ce sont là de bien grands mots ; si pourtant j'ai eu le pouvoir de vous donner quelques bons moments, croyez que j'en suis heureuse. » Cela fut dit d'un ton très-calme, mais il y avait dans ses yeux tant de douceur et de bonté, que je me sentis ravi de ces paroles, tout indifférentes qu'elles pussent paraître sans le commentaire du regard qui les accompagnait. « Rentrons, dit-elle bientôt, il fait froid; et madame de Champrevers doit nous croire perdus. » Je la suivis, sachant à peine ce que je faisais, et ne voyant que sa robe blanche qui glissait sur le sable de l'allée.

En vérité, mon bon ami, vous nous aviez bien oubliés tous les deux. Le piquet durait depuis près d'une heure; notre arrivée ne l'interrompit pas. Vous n'eûtes garde de remarquer les stupides monosyllabes par lesquels je répondais à vos questions, coupées d'exclamations provoquées par la bonne ou la mauvaise chance de la bienheureuse partie. Mademoiselle Edmée s'était approchée d'un casier de musique et feuilletait une partition. Tout à coup elle se leva sans rien dire, une romance à la main; elle entra dans le boudoir où se trouvait le piano, et, laissant la porte grande ouverte, se mit à préluder. Je la suivis, et m'assis sur un grand fauteuil à côté d'elle. Elle déchiffrait je ne sais quel morceau, dont elle vint à bout assez vite pour le jouer de mémoire après quelques minutes d'étude. Bientôt j'allai, sur sa demande, prendre dans le casier un autre cahier de musique, et je me tins debout derrière elle pour tourner les pages. Tu peux croire que mes mains étant ainsi occupées, mes yeux ne perdaient pas de temps; ils se promenaient sur un cou charmant, blanc comme le lait, où se tordaient quelques petites boucles de cheveux, trop légères et trop capricieuses pour se laisser emprisonner dans le réseau qui retenait le chignon. Mademoiselle Edmée chanta, doucement d'abord et à demi-voix, puis, s'animant peu à peu, elle fit entendre les plus belles notes — du moins je les jugeai ainsi — qui puissent sortir d'un gosier humain. Elle chantait une ravissante mélodie populaire irlandaise *Ben Bault*, une chanson simple et mélancolique qui rappelle un peu l'air sans paroles de la *Dame Blanche*. Au troisième couplet, j'avais perdu toute sensation de moi-même; j'écoutais instinctivement, plongé dans une sorte de langueur, et comme fasciné par ce cou blanc qui sortait de la mousseline vaporeuse d'une robe d'été. A la fin, un nuage passa devant mes yeux : sans savoir ce que je faisais, irrésistiblement attiré, je me penchai lentement, lentement, sur ce cou tentateur, et ma bouche s'y posa silencieusement; puis, je passai mon bras autour de la taille d'Edmée, et je couvris son front, ses joues, sa bouche de baisers brûlants; muette d'étonnement, elle ne songeait pas à résister. Je m'enfuis ensuite dans le jardin, chancelant comme un homme ivre, et je tombai presque sans connaissance sur le banc de cette terrasse où tout à l'heure elle s'était arrêtée avant de rentrer dans la maison.

Quand je revins à moi, je crus que je mourrais de honte, et je fus épouvanté de ma folie. On n'est pas excusé devant le tribunal du monde pour avoir agi sans discernement; et, vis-à-vis de mademoiselle Delaunay, je ne me sentais digne d'aucune indulgence. Comment me faire pardonner cette inexplicable erreur? Que dirait madame de Champrevers si jamais elle venait à la connaître? Quand je me décidai à rentrer dans le salon, je devais avoir l'air d'un criminel qui vient se livrer à la justice. Mademoiselle Edmée avait disparu; toi-même tu te disposais à partir, tu faisais tes adieux à madame de Champrevers. Je pris également congé d'elle, tout heureux de n'avoir pas à affronter la présence de la belle offensée, et nous montâmes en voiture. Ce que je te dis pendant la route, je serais en peine de me le rappeler; mais si tu trouvas ma conversation amusante, c'est que tu voulus bien n'être pas sévère dans ton jugement. Je sais seulement que je me gardai de te confesser la sottise que je venais de commettre, et je pense que personne au monde n'a jamais été régalé du récit de cette histoire.

En effet, quand je me décidai, longtemps après, à revenir chez notre vieille amie, elle me gronda de ma longue absence en femme qui n'en soupçonne aucunement les motifs. J'appris d'elle que mademoiselle Delaunay l'avait quittée le lendemain de notre visite, pour retourner à Paris, et de là prendre la route de Londres, où elle devait se marier avec un jeune officier anglais. Je profitai de l'occasion pour me faire raconter toute l'histoire, très-courte d'ailleurs, de celle qui m'avait si bien fait perdre la tête. Ses parents étaient des Français établis en Angleterre; quoiqu'elle fût loin d'être riche, son esprit et sa beauté avaient inspiré une passion folle à un capitaine de light-dragons qui devait l'épouser au retour d'un séjour aux Indes. C'était, paraissait-il, un magnifique mariage, et Edmée aimait sincèrement son jeune fiancé. Quel seau d'eau froide sur mes rêves! Je fus trop heureux de me consoler en songeant qu'elle n'avait pas parlé, et que, gênée pour faire une si étrange confidence, elle avait gardé pour elle son opinion sur le final imprévu que j'avais ajouté à sa romance. Sept ans se sont passés depuis cette bizarre aventure; aussi, juge de ma surprise, en découvrant, hier au soir, que lady Vendeville et mademoiselle Edmée Delaunay n'étaient qu'une seule et même personne.

Il faut reprendre mon récit avec un peu d'ordre : *res ordine colligere*, comme dirait mon compagnon de voyage, le savant M. Sydney Mauvers. Ce brillant échantillon des produits de l'université d'Oxford est venu me chercher mercredi matin, à mon hôtel, et nous avons pris, ensemble, la route de Sleathmore Island, qui est situé à une journée de Glasgow.

Mon nouvel ami est décidément un singulier garçon, quoiqu'il ressemble à tous les membres de l'Église anglicane. C'est un homme de moyenne taille, brun comme un Espagnol, qui porte des vêtements tout noirs, un gilet boutonné jusqu'au cou, et un faux-col tellement bizarre que je me trouve fort embarrassé pour te le décrire. Figure-toi une bande de toile blanche qui recouvre la cravate, sans s'échancrer sous le menton; un vrai carcan qui se boutonne par derrière. C'est, paraît-il, la dernière mode de la jeune Église. Sa barbe, qu'il rase deux fois par jour, repousse tellement vite qu'elle lui laisse une trace toute bleue sur les joues. Ajoute à cela un grand front, un nez court et droit, des yeux bleus éternellement calmes, et le signalement sera à peu près complet.

Or, nous avons discuté avec l'acharnement de deux personnages de Rabelais. M. Mauvers, qui est plus instruit à lui seul que plusieurs professeurs de Sorbonne, épuise son érudition à pulvériser la France et les Français. Depuis que je l'ai débarrassé, en l'invitant à se mettre à l'aise, des scrupules de politesse qui l'empêchaient de me dire tout le mal qu'il pense de nous, il m'a démontré qu'il y a plus de brouillards à Paris qu'à Londres, que les fruits anglais valent mieux que tous ceux du continent, et que nulle part on ne fume d'aussi bons cigares que sur le territoire britannique. Le brave clergyman croit de la meilleure foi du monde que, de l'autre côté du détroit, les jésuites dirigent le fer des assassins politiques, et que le gouvernement français attache un gendarme à la surveillance personnelle de chacun des sujets de l'Empire. Sur dix Anglais, on en trouve bien deux ou trois qui vous racontent ces belles choses, et, dans ce cas, j'ai toujours soin d'oublier le chauvinisme dont est si bien armé le Français que n'ont pas formé les voyages, pour me divertir à voir jusqu'où peut aller la sottise des gens d'esprit.

Quand j'eus fait vibrer chez mon compagnon toutes les cordes de l'amour-propre national et que je fus rassasié de ce passe-temps, je mis la conversation sur les hôtes qui allaient nous recevoir. M. Mauvers est, comme je crois te l'avoir dit, parent de la mère de sir Edward, et connaît très-bien toute cette famille. Sir Edward Vendeville est le fils d'un banquier très-riche de la Cité, connu pour avoir créé une foule d'établissements de bienfaisance fort utiles, en même temps qu'il subventionnait d'autres institutions dont la nécessité me paraît infiniment plus contestable;

mais je suis porté à croire que ces dernières largesses lui ont valu sa part la plus claire dans l'estime de son excentrique pays. Son hôpital des orphelins, sa maison de retraite pour les veuves de ministres ne sont pas des fondations plus appréciées que *l'Asylum* qu'il a fait bâtir à Olopham pour les chiens errants. Aussi mourut-il baronnet; le *Times* lui consacra, dans l'*Obituary*, un article fort élogieux. Il laissait deux enfants : un fils, Edward, et une fille nommée Allen, toute jeune encore. Edward était officier aux coldstream-guards; il donna sa démission après deux annés de service, un service bien doux, je t'assure, et se mit à dépenser ses gros revenus dans les nobles exercices du sport. Il fit courir, acheta des meutes, et entreprit sur son yacht un grand voyage autour de la Méditerranée. Dans une station à Nice, il retrouva une jeune fille qu'il avait connue dans le comté où était situé le château de sir John Vendeville père; il l'épousa, il y a de cela quatre années, et, au dire de M. Mauvers, il n'y a pas un couple d'époux plus heureux. Lady Vendeville est bien un peu triste, mais, — fait observer mon narrateur, — qui a jamais pu rien comprendre aux caprices des femmes? Elles pleurent aujourd'hui, uniquement parce qu'elles riaient hier, et l'inconstance est la seule chose du monde dans laquelle elles mettent quelque constance. Là-dessus citations polyglottes à l'appui de cette thèse pleine de nouveauté.

J'interrompis sa dissertation pour lui demander quels étaient, outre le baronnet et sa femme, les habitants de Heathmore. J'appris que le reste de sa famille se composait de miss Allen, jeune fille de dix-huit ans, sœur de sir Edward, et du fils de celui-ci, Willy, tout petit garçon. M. Mauvers me parla longuement de la gouvernante de miss Vendeville, une « unmarried lady, » traduisez une vieille fille, qui était, malgré l'approche de la menaçante trentaine, un type accompli de la beauté saxonne.

Cependant l'heure avançait, et il me paraissait que nous-mêmes nous n'avançions guère. Mon compagnon, toujours imperturbable, s'étonnait de mon impatience et me promettait que nous serions rendus à destination avant la tombée de la nuit. A un détour du chemin nous rencontrâmes un domestique à cheval qui reconnut M. Mauvers, et lui dit que sir Edward l'envoyait à notre rencontre pour nous guider jusqu'au bac qui fait communiquer Heathmore avec la terre ferme. Un temps de trot nous amena en vue de la petite île. Le bras de mer qui la sépare du comté de Bute n'est, à vrai dire, que le delta d'une rivière large et peu profonde, nommée la Mauïda.

Nous la traversâmes au crépuscule, et le bac nous débarqua à la porte même du château, un grand bâtiment de style gothique dont le pied baigne dans la mer. J'entrevis, à droite et à gauche, des pelouses immenses ombragées de beaux arbres; derrière l'habitation s'élevait une colline assez haute qui devait la préserver des vents de nord-ouest, et permettre aux arbres de grandir en paix, une bonne fortune qu'ils n'ont guère ailleurs qu'en Écosse. Sir Edward nous attendait sur le perron. Il nous introduisit dans son cabinet, une pièce longue et haute, avec trois fenêtres et garnie depuis la plinthe jusqu'au plafond d'armes de toutes sortes. Il me dit quelques obligeantes paroles de bienvenue, s'informa de Servières, et nous annonça qu'on allait immédiatement nous servir à souper ; mais, nous serions forcés de manger seuls, la famille ayant dîné depuis quelque temps déjà. Il nous accompagna dans la salle à manger, où nous fîmes honneur, Mauvers et moi, à un excellent repas arrosé de vins de France, puis nous montâmes dans nos chambres pour nous mettre en état d'aller saluer les châtelaines de Heathmore.

Je les trouvai dans un grand salon blanc et or, assises autour d'une table de travail, sur laquelle était posée une lampe garnie d'un abat-jour bleu. Le baronnet me conduisit vers sa femme, à qui il me présenta comme l'ami de Servières; la même cérémonie fut répétée à l'égard d'Allen et de la gouvernante, après quoi Mauvers et moi nous nous assîmes. Je pus alors regarder lady Vendeville, tout en répondant aux questions qu'elle m'adressait sur mon voyage et les impressions de mon séjour en Écosse. Cette charmante figure ne m'était certainement pas inconnue; mais où l'avais-je vue? depuis combien de temps? Je fus plusieurs minutes à fouiller inutilement ma mémoire. Tout à coup un souvenir rapide comme un éclair, me traversa l'esprit; la soirée de Montluzy, que je commençais à oublier, se présenta à ma pensée comme si la brume de sept longues années ne s'était pas étendue sur elle. Je songeai aussi que Mauvers m'avait dit, pendant la route, que lady Vendeville, avant son mariage, s'appelait mademoiselle Delaunay; ce nom, assez répandu, ne m'avait point frappé alors. Plus je regardais, moins le doute était possible. C'était bien Edmée, plus grande, plus forte, plus belle; mais je reconnaissais les grands yeux doux et fiers à la fois, l'attitude nonchalante et la voix mélodieuse de la jeune amie de madame de

Champrevers. Elle avait conservé le même goût pour le blanc et le bleu, elle portait encore dans ses cheveux un ruban de cette dernière nuance. Me reconnaîtrait-elle aussi ? J'en eus peur un moment, mais la réflexion me montra qu'il n'était pas vraisemblable qu'elle eût si bonne mémoire. A Montluzy, elle n'avait pas eu de motifs pour m'examiner longuement, et je suis bien changé depuis notre unique entrevue. Mes longues moustaches, et — faut-il le dire ? — ce ventre naissant qui sert de but aux railleries des aimables camarades parmi lesquels tu tiens une place si distinguée : — ce ventre qui n'est en réalité, d'après moi, que le résultat d'un embonpoint fort désirable ; tout cela n'ornait pas encore le jeune docteur en droit qui oublia les lois les plus élémentaires des convenances, au préjudice du cou, des joues, et même — la vérité avant tout — des lèvres roses de mademoiselle Edmée. Quand arriva l'heure du thé, l'abat jour fut ôté, et je me trouvai en pleine lumière, tout près de lady Vendeville. Dix minutes de conversation me convainquirent, à ma grande joie, que je restais un inconnu; et ce fut en m'applaudissant de cette bonne chance qu'aux environs de minuit, je gagnai ma chambre et mon lit.

A huit heures et demie, je fus réveillé par un domestique qui entra dans mon appartement. Je le priai, en anglais, d'ouvrir mes persiennes; il me répondit en assez bon français, tout en souriant après chaque phrase et en me témoignant l'empressement le plus expansif. Je n'avais pas affaire à un Anglais, la chose était sûre. A quelques questions que je lui fis, le brave Écossais répondit qu'il était attaché spécialement à mon service; qu'il se nommait Alexandre Mac-Alister, et que sa famille comptait parmi les meilleures du haut pays; le laird de Glengarroch le reconnaissait pour son cousin au quarantième degré. Il n'était, lui, qu'un domestique, mais son grand-père avait servi en France dans les régiments étrangers sous Louis XVI— et, ajouta-t-il fièrement, quatre de mes ancêtres, Monsieur, quatre Mac-Alister ont été pendus, dans le vieux temps, pour la cause du roi Jacques!

— Quel honneur d'avoir mes bottes cirées par un domestique de si bonne maison, dans les deux sens du mot!

A peine sorti du lit, je courus à la fenêtre. Je jouis alors d'une perspective qui vaut bien que l'on quitte, pour la contempler, l'horizon du quai Malaquais : un immense espace de verdure et de mer s'étendait devant mes yeux ; un vrai soleil méridional éclairait les eaux bleues sur lesquelles couraient des embarcations et des navires aux voiles blanches. Partout la vie et la lumière; un pareil tableau réjouissait le cœur. J'étais de fort bonne humeur et m'apprêtais à descendre pour admirer en détail toutes les merveilles qui se présentaient à mes yeux. Dès que je fus sorti de la maison, j'aperçus de loin M. Mauvers et les trois femmes qui se promenaient, avec Willy, le long du rivage de la Maulda. Je constatai que mon habillement était d'une blancheur irréprochable, que mon gilet dissimulait à merveille les contours trop majestueux de ce ventre, présent tardif de ma vingt-huitième année; et j'allai rejoindre mes hôtes. Nous fîmes ensemble quelques tours dans le parc, pendant lesquels je pénétrai fort dans l'intimité de Willy, et nous revînmes déjeuner dans la grande salle où j'avais soupé la veille. Le repas fut très-gai. Lady Vendeville est un peu triste, mais pleine de bienveillance et de bonté. Quant à la jeune Allen, c'est une ravissante brune qui sourit aussi aisément qu'elle rougit, et ce n'est pas peu dire. Elle aime beaucoup Paris, à qui elle reproche uniquement de n'avoir pas de « front-gardens » devant les maisons et parle avec enthousiasme de l'amusement qu'elle y a trouvé. Quant à miss Pembrey, la gouvernante, elle a dû être jolie il n'y a pas plus de dix ans; mais elle est déjà bien décidément une vieille fille, et ses cheveux blonds, quoi qu'en dise Sydney Mauvers, son admirateur, sont pour moi des cheveux rouges. Elle comprend assez mal le français, mais, outre l'anglais, parle bien, dit-on, l'italien et l'allemand. C'est la douzième enfant d'un ministre du comté d'York : elle possède pour toute dot ses charmes douteux et une foule d'*accomplishments*, qui pourront lui attirer beaucoup d'élèves, mais peu de soupirants.

En sortant de table, nous sommes allés donner à manger aux cygnes, sur le bassin qui est au commencement de la grande pelouse. Sir Edward m'a mené ensuite visiter ses écuries, et m'a montré le cheval que je monterai pendant mon séjour à Heathmore. C'est une magnifique bête, un alezan, d'une race irlandaise qui devient fort rare aujourd'hui. Il est de moyenne taille, avec une petite tête, des membres très-forts et des attaches élégantes, quoique un peu massives peut-être. Mauvers, qui le connaît, m'assure qu'il n'a jamais vu une meilleure monture de chasse. Le baronnet m'a quitté, quelques moments après, pour régler un compte avec ses fermiers, et moi, je suis monté à ma chambre pour t'écrire cette fidèle relation de ce qui m'arrive en ce coin de la sauvage Calédonie.

Sais-tu bien que je me trouve très-heureux ? J'ai en perspective une bonne huitaine à passer dans le plus beau pays du monde, au milieu d'une aimable famille, près d'une femme qui se rattache à mon passé par un lien mystérieux qu'elle-même ignore. Je ne parle pas du bien-être de ma situation, du bonheur de retrouver, au fond du golfe de la Clyde, une vraie cuisine parisienne et un lit excellent. Les petites douceurs forment cependant, pauvres créatures que nous sommes, l'appoint de toute béatitude humaine, et l'on y devient extraordinairement sensible quand on a suivi pendant un mois le régime des hôtels irlandais.

Il faut aussi que tu te mettes en tête que je ne suis pas amoureux ; je suis même incapable de le devenir à présent. Dans vingt ans mon cœur ne sera pas plus vieux qu'aujourd'hui. J'éprouve quelque émotion toutes les fois que j'approche d'Edmée ; mais cela ne vient-il pas du souvenir des temps où je pouvais aimer plutôt que de l'amour même ? Mon cœur frémit encore, par habitude, en présence des objets qui l'agitaient si doucement autrefois, comme ces vieux chevaux de troupe qui ont pris leur retraite autour de la meule d'un moulin, et qui n'en relèvent pas moins la tête, quand ils entendent le son bien connu de la trompette. Qu'il soit bien entendu, mon cher ami, que je n'ai que de la glace dans le cœur ; prends acte de cette déclaration, et ne t'étonne pas si mon récit persévère dans les allures calmes qu'il a gardées jusqu'ici.

Je dois signaler, entre les informations que j'avais recueillies à Montluzy et les faits que je suis à même de constater à Heathmore, une contradiction assez étrange. Quand mademoiselle Delaunay a quitté Paris, elle devait épouser un officier de l'armée des Indes. Or, sir Edward a bien été officier, mais jamais il n'a honoré de sa présence le pays des tigres et des roses ; d'après ce que me rapporte M. Mauvers, il n'a dirigé que sur les cibles innocentes d'Aldershott le feu de ses soldats. Cela m'embarrasse un peu, mais je n'ose demander d'éclaircissement sur ce point.

III

2 août.

Quand je reporte mes regards vers ma vie passée, je suis forcé de reconnaître que je compte, dans mon existence, bien peu de jours plus heureux que les jours que je passe à Heathmore. Le calme, le repos, la satisfaction complète de l'esprit et du corps, ce serait la réalisation de l'idéal terrestre, si l'ennui, cet ennemi toujours aux aguets, comme le diable dans les vieux mystères, ne venait empoisonner les jouissances trop paisibles; ici, j'ai ce bonheur, et je ne m'ennuie pas! *Beatus quia quiesco!*

Je lis, je chasse, je bavarde. Quand je crains de me trop brûler les ailes à la lumière des beaux yeux de lady Vendeville, je me tourne vers miss Allen. Cette enfant personnifie pour moi la charmante insouciance de la jeunesse. J'ai dix ans environ de plus qu'elle. — *Grande mortalis ævi spatium* — tu vois que j'ai pris de mon savant ami Sydney le goût des citations. Et je commence à apprécier toute la supériorité de cette divine ignorance. En présence de tant de beauté unie à tant de candeur, non-seulement on ne saurait penser à mal ; mais encore il me semble que le plus grand scélérat du monde se changerait vite en honnête homme, et que les loups deviendraient agneaux. Nous causons parfois très-longuement sur de bien humbles sujets : ses lectures, ses promenades, ses occupations musicales ; quand je la quitte, — je ne sais pas comment cela arrive, mais je me sens le cœur content, et je me demande par quel miracle, dans le comté de Bute, les heures sont plus courtes que partout ailleurs.

Les jours de pluie, nous passons tous ensemble nos journées dans le grand salon. On joue aux cartes, aux dames et aux échecs ; lady Edmée permet le cigare, et nous faisons honneur aux panatellas de sir Edward. Le reste du temps, nous allons tirer quelques lapins sur la lande, ou abattre des canards dans le marais que forme la Maulda près de Killarnoch. On prépare pour demain ou après, une grande chasse au daim. Heathmore est un vrai paradis pour les chasseurs. L'île n'est pas grande et l'on n'y rencontre que de menu gibier, mais il suffit de passer le gué de la rivière pour se trouver dans la forêt, où le plus maladroit tireur remplit vite son carnier.

Le château est un bâtiment comme on en voit dans les illustrations des romans du vicomte d'Arlincourt; il n'y manque ni tourelles, ni créneaux, ni mâchicoulis. Ce gothique, qui n'a pas cinquante ans de date et dont tu peux voir quelques spécimens à Enghien et dans le Westmoreland, n'est pas très-conforme aux règles de l'art ni à celles de la raison, mais de loin l'effet produit est assez heureux, et bien en harmonie avec le caractère général du paysage. Ce qui, en revanche, satisferait les plus difficiles, c'est un pavillon construit par sir Edward au sommet de la colline qui abrite le château, et d'où l'on jouit d'une vue plus belle encore que celle que j'admirai, de ma fenêtre, le lendemain de mon arrivée. Le premier plan est formé par une vallée tapissée de gazon, et entourée à droite et à gauche de bois assez élevés; au milieu se trouve une pièce d'eau avec des massifs d'hortensias et autres fleurs disposées par grandes corbeilles. Plus loin, la vallée s'élargit; elle donne passage à un petit ruisseau sinueux, et ouvre sur la mer une large perspective. Ce pavillon sera l'habitation de miss Allen après son mariage; sir Edward l'a fait bâtir dans cette intention.

C'est un autre type bien anglais que sir Edward Vendeville. Je me le figure parfaitement tel qu'il devait être quand il servait son pays dans les rangs pacifiques des coldstream-guards : un grand garçon pâle, blond, fier de son grade, de sa fortune et de tous les priviléges que nul ne conteste en ce pays à l'aristocratie du rang et de la richesse. Il arrive aujourd'hui à ce moment critique où l'on passe dans le second ban de la jeunesse; les membres s'alourdissent, on commence à s'apercevoir que deux nuits blanches sont chose fatiguante, et l'on voit poindre dans le lointain, comme un nuage, l'âge des rhumatismes. Malgré un certain fond de bonté, c'est un parfait égoïste; il ne paraît pas se soucier beaucoup de sa femme, et s'il a plus de tendresse pour Allen, c'est que cette affection lui tient au cœur à titre de vieille habitude. Avec tout cela, le malheureux s'ennuie; la chose est claire, quoiqu'il ne s'en plaigne jamais. Rien ne lui manquant, il ne désire plus rien. Il n'a pas même la ressource de faire des folies; s'il peut manger à loisir tout son revenu, le capital est frappé de substitution, et il n'a le droit de toucher ni à un pouce de ses terres ni à un des chiffons de papier qui constituent sa fortune mobilière. Un peu malgré lui, on l'a fait juge de paix; mais, comme je me risquais à lui demander, l'autre jour, pourquoi il n'était ni membre du parlement ni lieutenant du comté, il m'a répondu qu'il ne se souciait ni de politique ni d'administration. Mon hôte est un de ces Anglais que l'on rencontre dans toutes les capitales de l'Europe, voyageant pour changer de place, et qui, par manière de passe-temps, finissent par donner leur cœur, leur main et leurs bank-notes à nos chanteuses de cafés-concerts. Ce dénoûment a manqué à sir Edward; malgré cela, ou — qui sait? — peut-être à cause de cela, il n'en est pas plus heureux. De son côté, sa femme paraît avoir sa grosse part d'ennuis et de tristesses. Où diable le malheur va-t-il se nicher?

Sais-tu de qui je tiens une partie de ces détails, ou du moins la plupart des faits qui m'ont permis de les deviner? C'est du plus grand bavard qu'il y ait sur la terre après Mauvers, mon domestique Alexandre. Ce glorieux héritier de quatre pendus me sait un gré énorme d'être Français; il me communique ses impressions en véritable valet de comédie, et, bien que je sois loin d'appeler ses confidences, ce qu'il dit me présente assez d'intérêt pour que je n'aie pas toujours le courage de lui imposer silence « en temps utile » comme nous disons au Palais. D'ailleurs je suis dans un monde où les domestiques « croient » encore à leurs maîtres ; ils sont assez respectueux pour qu'on leur permette d'être familiers. Celui-là est un brave garçon, aimé de tout le monde au château, bien qu'on le regarde comme un peu fou, et je le préférerais mille fois à ses camarades anglais, qui ont toute autre mine, mais qui sont voleurs, menteurs et ivrognes comme leurs pareils du continent.

3 août.

On a remarqué depuis longtemps le singulier vertige qui pousse les hommes à se risquer aussi près que possible du danger qu'ils redoutent le plus ; Edgard Poë a analysé cette tendance dans une étude qui s'appelle, je crois, « le démon de la Perversité ». C'est ainsi que je m'expose moi-même de gaieté de cœur à rappeler à lady Vendeville la scène de Montluzy, que j'ai tout intérêt à lui laisser oublier. J'ai commis encore tout à l'heure une imprudence de cette nature. Après déjeuner, nous étions allés voir les serres, Edmée, Allen, miss Pembrey, le clergyman et moi. — Mauvers, qui, par parenthèse, m'a bien l'air de faire la cour, comme un scélérat qu'il est, à la gouvernante, a trouvé moyen de rester à l'écart avec elle; miss Vendeville a mené son petit neveu à la pièce d'eau des cygnes; Edmée et moi nous nous sommes trouvés seuls. Elle me montrait, à ce moment, une fleur splendide, originaire de Ceylan, qui s'ouvre une fois seulement par année pour durer quelques heures à peine. Je me suis mis à faire quelques variations sur ce thème — admirable matière à mettre en vers français. — Je ne plains pas cette fleur, ai-je dit à lady Vendeville. Sa vie est courte, mais nulle n'a de plus riches couleurs, et toutes les autres doivent l'envier. En mourant, elle emporte bon souvenir de la lumière, du soleil, de l'air dont elle a joui trop peu de temps pour s'en fatiguer; nous-mêmes, dès qu'elle paraît, nous nous pressons de l'admirer, sachant qu'elle est aussi éphémère qu'elle est rare.

— Vous êtes poëte, monsieur Maurice, me répondit Edmée. Je vous engage, pourtant, à vous défier de ce sujet. Il a défrayé une bonne moitié des vers qui ont été écrits depuis le commencement du monde, et beaucoup de vos prédécesseurs seraient en droit de vous reprocher — passez-moi le mot — de marcher sur leurs plates-bandes.

— Je n'ai pas peur d'être plagiaire, madame. Nous ne sommes que deux, vous et moi, à entendre les accords de ma lyre. J'aime cette fleur pour plus d'une raison. Il y a entre nous une sympathie secrète, et je pense moi-même comme je suppose qu'elle doit penser.

— En vérité ! Mais vous ne me paraissez pas devoir passer aussi rapidement qu'elle sur cette terre de larmes. Cette pauvre vie, que vous voulez si courte, ne vous paye pas de retour, et vous ne m'avez nullement l'air d'un homme menacé de la quitter.

— Ce n'est pas cela que j'ai voulu dire. Je prétends seulement, d'après mon expérience personnelle, que les meilleurs moments de mon existence ont souvent été les plus vite écoulés, et n'ont pas duré beaucoup plus que cette — quel est le nom ? — que cette *chrysargyra tabropana*. Croyez-vous, par exemple, que je ne me rappellerai pas avec délices, tout le reste de ma vie, les jours que j'aurai passés près de vous, et qui pourtant auront été si rapides ?

— S'il en est ainsi, le remède sera bien vite trouvé. Du moment que vous vous plaisez à Heathmore, restez-y jusqu'à ce que l'ennui vous gagne ; personne de nous ne se plaindra que vous fassiez une trop longue visite.

— Heathmore est bien beau, madame ; je ne pense pas qu'il y ait un coin du monde où la vie soit plus douce ; mais ce que j'en regretterai, pensez-vous que ce soit seulement ses arbres, ses pelouses, ses baies, et ce beau soleil d'août qui éclaire toutes ces merveilles ? Oh ! non. Bien des fois, quand j'aurai retrouvé, à Paris, un horizon de cheminées et un concert quotidien de bruit de voitures, je songerai à l'heure où j'étais assis près de vous, sur ce banc, au milieu de ces fleurs d'un autre monde dont l'éclat n'est pas plus doux que celui de vos yeux. Je me dirai que jamais je n'ai été si près du bonheur, que j'y touchais presque, mais que, si j'avais voulu l'étreindre, je n'aurais trouvé qu'une ombre, comme le héros de Virgile...

— Prenez garde, monsieur Maurice, me dit ma belle amie en me regardant avec un sourire que je connaissais bien. — Je sais où vous marchez, et je veux vous épargner la moitié de la route. Quand un homme et une femme de notre âge — sans vanité de ma part, je crois que nous sommes à peu près contemporains — vivent l'un près de l'autre pendant quelques jours, une absurde fatalité fait trop souvent qu'un mot, toujours le même depuis le commencement du monde, vient se mêler à leur conversation; dans ce cas, ce mot est tellement prévu qu'il a de grandes chances de paraître ridicule. Il s'écrit en cinq lettres, vous le connaissez, je le connais aussi, et, maintenant que vous êtes averti, vous avez trop d'esprit pour le prononcer. Sachez bien, d'ailleurs, qu'il n'aurait pas même le mérite de me mettre en colère. Je n'aurais pas besoin d'en prévenir si nous étions de plus vieux amis; mais, il y a huit jours encore, nous étions des inconnus l'un pour l'autre...

— Le jureriez-vous, madame?

A peine ce mot était-il prononcé que j'aurais voulu, pour beaucoup, pouvoir le retirer. Lady Vendeville se tut, et me regarda fixement, comme une personne qui fait un grand effort de mémoire; mais ce fut en vain. Dans nos précédentes conversations, je l'avais déroutée à plaisir, je n'avais parlé ni de Montluzy, ni de madame Champrevers, ni des amis communs que nous pouvions avoir en France. M'eût-elle parfaitement connu à notre première rencontre, trop de choses, en moi, étaient changées depuis lors; ma position, mes occupations ne sont pas celles auxquelles moi-même je me croyais destiné quand je quittai l'école. Cependant le souvenir auquel j'avais fait appel dut réveiller dans son esprit un écho, si faible qu'il fût, car elle reprit, avec l'accent d'une singulière incertitude :

— Eh bien ! non, je ne le jurerais pas. Pourtant, je ne vous ai vu ni en France ni en Angleterre. Les seules villes où j'aie séjourné sont Paris, Nice, Trouville, Londres, et quelques autres de ce côté-ci du détroit; j'affirmerais presque que, dans aucun de ces différents endroits, nous ne nous sommes rencontrés.

J'étais sauvé une fois encore, et je me promis bien de ne plus recommencer. Je me tirai d'affaire en disant que j'avais voulu plaisanter, et que d'ailleurs, si Pythagore ne ment pas, nous avions pu être fort bons amis, elle et moi, dans le courant d'une existence antérieure. Malgré tout, ma sottise a porté ses fruits. Je surprends plusieurs fois dans le même jour lady Vendeville les yeux fixés sur moi, cherchant encore, cherchant toujours, mais je suis sûr qu'elle ne trouvera pas.

Décidément, elle est bien jolie. S'il faut l'avouer, quand je regarde ce front charmant, sous des cheveux à rendre jalouse la Vénus Anadyomène, je pense, en dépit de tout, que le moins raisonnable de tes amis n'était pas à plaindre, un certain soir que tu t'es fait rubiconner dans le petit salon vert de la première maison de Montluzy, à droite en venant de Rieulles-sur-Oise.

5 août.

Mon cher ami, tire du sac tes plus mordantes épigrammes. J'ai juré de dire la vérité, toute la vérité, et je veux la dire. Ce qui n'est pas le moins extraordinaire dans cette franchise, c'est que, loin de rougir d'avoir à constater chez moi le flagrant délit de contradiction, j'en suis tout joyeux, et j'avoue de bon cœur que toute ma raison n'était que folie. Eh bien! c'est vrai, je suis amoureux.

J'ai rencontré, en Algérie, dans le voisinage d'une sebkha horriblement malsaine, un soldat qui avait échappé pendant trois mois à la fièvre de marais. Il se moquait de tous les malades, prétendait qu'il n'y avait que la peur dans leur affaire, et jurait ses grands dieux qu'il narguerait indéfiniment le quinquina. A son tour il fut pris comme les autres. Il nia tout d'abord, et quand enfin il fallut prendre le chemin de l'hôpital, ce brave tremblait de peur plus que les plus poltrons. C'est là mon histoire. Je prônais partout ma terrible indifférence: qu'en reste-t-il aujourd'hui? Je rêve tout haut à la façon d'un collégien épris de sa cousine, et il y a des heures où je me sens prêt à pleurer comme un enfant.

Vraiment le plus sceptique en matière d'amour excuserait ma folie rien qu'en voyant cette adorable femme. Quelquefois, pendant que je fais semblant d'écouter, dans un coin du salon, les tirades de Mauvers, je me perds dans la contemplation de lady Vendeville, qui brode près de la fenêtre, la tête penchée sur son ouvrage, sans se douter des ravages qu'elle produit si innocemment auprès d'elle. Comment se fait-il que tout ce qui la touche participe de sa grâce et emprunte à sa beauté un attrait indéfinissable? Comment se fait-il que les plis de sa robe de soie, le ruban qui flotte derrière son cou aient le pouvoir de s'imposer à mon admiration?

Je ne croyais pas dire si juste, en comparant à ma destinée celle de cette chrysargyre que nous regardions ensemble l'autre jour. Je suis heureux de mon amour, heureux de cette souffrance qui m'étreint le cœur sans que j'en veuille guérir, heureux de pouvoir me livrer à ces dangereuses contemplations et à ces rêveries sans espoir, et ce bonheur n'aura qu'un jour. Une semaine ne sera pas écoulée, que déjà rien n'en restera, — qu'un souvenir. Un hasard nous a deux fois réunis; ce hasard ne doit plus se représenter. Pendant une courte semaine, mon existence aura côtoyé celle d'Edmée; la semaine suivante nous séparera, et une loi inexorable rendra cette séparation éternelle. Je donnerais dix années de ma vie pour prolonger, pendant le même nombre de jours, la douloureuse félicité que j'éprouve à me repaître du mirage trompeur qui charme ma pensée; cette consolation elle-même me sera refusée. Pauvre vie humaine, que tu fais payer cher le bonheur que tu nous donnes, lors même que ce bonheur n'est qu'illusion !

Dans trois jours, sans doute, Servières viendra me reprendre. Je veux, d'ici là, savourer toutes les heures qui me restent à passer dans ce coin de terre, plus cher à mon cœur que tous les paradis de ce monde et de l'autre. L'image m'en restera toujours, semblable à ce reflet du soleil que conserve l'atmosphère au déclin du jour, et qui nous donne encore de la chaleur et de la lumière longtemps après que l'astre lui-même a disparu de l'horizon.

Cette comparaison un peu trop poétique m'avertit que je tombe dans l'élégie; pardonne-moi, cher ami, je m'empresse de revenir sur la terre. Aussi bien, j'ai fait, ce matin, une découverte que je trouverais amusante, si je n'avais tant de sujets d'être triste. Nous sommes ici trois amoureux, qui jouons avec un ensemble surprenant les méprises du cœur. Le premier — tu le connais — c'est ton ami Maurice; les deux autres, ce sont... M. Mauvers et miss Pembrey. Mauvers, et depuis longtemps déjà je m'en étais aperçu, prodigue à la pauvre fille des attentions d'autant plus suspectes qu'il est voué au célibat sous peine de perdre sa position dans l'Université; mais elle ne paraît pas faire attention à lui, et j'ai lieu de croire que si les tardives affections de la gouvernante se portaient sur quelqu'un, ce serait sur moi, pauvre Français papiste, bien indigne, à coup sûr, des préférences de la fille d'un ministre de l'Église d'Angleterre. Rassure-toi; mon orgueil n'est guère flatté de ce bonheur imprévu, que je ne dois ni à la distinction de mes manières, ni à la finesse de mon esprit : je suis tout simplement pour miss Pembrey cette perle rare que les Anglaises mûres recherchent avec tant de persévérance, — un mari. Elle sait pourtant que, si faible opinion que j'aie de mon mérite personnel, je puis prétendre à trouver chez ma future épouse une dot plus sonnante et une beauté moins « avancée » que la sienne. Comment se fait-il, alors, que je rencontre toujours la gouvernante sur mon chemin, dans le château comme dans le parc, qu'elle me prodigue, quand j'entre au salon, ses plus doux sourires, et qu'elle m'ait entretenu, l'autre soir, de la douce mélancolie qu'éveille, dans les âmes sensibles, l'aspect d'une belle nuit d'été ?

Hier, elle a fait mieux encore. Après le dîner, les dames se mettent au piano et l'on joue aux cartes. Dieu sait que je suis loin de faire la cour à miss Pembrey ; mais je me montre toujours à son égard aussi poli et aussi prévenant qu'un homme de mon âge doit l'être pour une fille bien née, dont le seul tort est de n'avoir, pour toute perspective de fortune, que l'espérance de partager avec quatorze frères ou sœurs les économies que leur père aura pu faire sur ses deux cents livres de traitement annuel. J'avais gagné la somme énorme de quatre shillings à la charmante Allen, en cinq ou six coups d'écarté, le seul jeu qui soit accessible à ma faible intelligence. Ayant remporté sur ma jeune ennemie, qui d'ordinaire ne se fait pas faute de railler l'insuffisance de mon talent de joueur, une éclatante victoire, j'invitai l'institutrice à venir, si elle l'osait, ravir les lauriers que je venais de cueillir. Dans le courant de la partie, elle me pria de lui montrer ma bague, — cette même feuille de palmier qui avait attiré, dans la soirée de Montluzy, l'attention de mademoiselle Delaunay, et que j'avais étourdiment gardée à mon doigt. Lady Vendeville s'était, pour un moment absentée du salon. La bague passa de main en main. Après miss Pembrey, Mauvers, sir Edward et Allen l'examinèrent successivement; le clergyman, qui sait de l'arabe comme il sait de tout, entreprit de déchiffrer les caractères qui s'y trouvent gravés, mais il échoua dans cette tentative et se contenta de prendre note de l'inscription, afin de l'étudier le dictionnaire à la main. Cependant l'écarté continuait, et quand ma bague me fut rendue, je la laissai sur la table et j'oubliai de la reprendre. Je fus battu honteusement cette fois; pour me consoler de ma défaite, je me mis à causer avec Edmée, qui était revenue, sa belle-sœur et son mari; puis, comme j'étais fatigué de la fameuse chasse aux daims — où, par parenthèse, je ne me suis guère distingué, — je ne tardai pas à quitter le salon et à regagner ma chambre.

Le lendemain, dans la matinée, la gouvernante me tendit, d'un air un peu embarrassé, un petit paquet entouré de papier. Je défis une dizaine d'enveloppes successives, et j'y retrouvai ma bague, qu'elle s'était amusée à emmailloter ainsi. Après le déjeuner lady Vendeville m'apprit que, la veille, mis Pembrey avait gardé à son doigt le pauvre anneau pendant une partie de la soirée. On s'en était aperçu, et il paraît qu'on n'avait pas manqué de la plaisanter. Edmée me reprocha elle-même, en riant, de compromettre les filles sans dot par ces échanges de bijoux. Plus ennuyé de cet incident que je ne paraissais l'être, je me défendis de mon mieux, mais j'en voulus un peu à la sentimentale institutrice, qui me rendrait, si elle continuait ainsi, horriblement ridicule.

Je croyais que la chose en resterait là : j'étais loin de compte. Je suis allé tout à l'heure à Killarnoch, pour prendre à la poste les journaux et les lettres de France. Alexandre, mon domestique provisoire, m'y rencontra, et voulut me présenter la famille de sa sœur, qui vit dans ce village. La sœur est une belle femme, mère de quatre enfants, dont le plus jeune est encore au berceau, tandis que l'aîné est déjà embarqué sur le bateau de son père. Dans ce petit port, tous les hommes sont marins, et l'on ne voit guère par les rues, pendant la belle saison, que les femmes et les enfants. Je reprenais tout seul le chemin du château, me livrant à des méditations pour lesquelles, comme tu peux le croire, les sujets ne me manquent pas, quand je fus rejoint par quelqu'un qui me frappa sur l'épaule en m'appelant par mon nom. C'était Mauvers, à qui je trouvai un air de gravité inaccoutumée, et qui m'exprima le désir d'avoir un moment d'entretien avec moi. Il débuta par un préambule interminable, qui ne m'apprit pas du tout où il voulait en venir, et finit par me reprocher, dans le discours le plus embrouillé que l'on ait prononcé depuis l'invention de la parole, d'exposer la réputation d'une jeune fille honorable. Je lui demandai de qui il voulait parler, et il me nomma miss Pembrey. Tout contrarié que j'étais, je ne pus m'empêcher de rire; cette gaieté l'exaspéra, et il entreprit de me faire comprendre tout ce qu'il y avait d'odieux dans la légèreté de mœurs de nous autres Français, qui nous faisons un jeu de l'honneur des femmes. J'eus grand'peine à me justifier; quand enfin j'eus protesté mille fois de la pureté de mes intentions, quand je lui eus affirmé que jamais je n'avais prononcé le moindre mot d'amour aux chastes oreilles de miss Charlotte-Felicia-Augusta Pembrey, le clergyman daigna se radoucir, et m'assurer qu'il me rendait son estime. Je lui fis observer que s'il y avait un coupable, c'était lui-même, et qu'il était mille fois plus assidu que moi auprès de la gouvernante. — « Puis-je compter sur votre discrétion, me dit-il alors, et vous révéler un projet qui sera la meilleure apologie de ma conduite? » — Il me confia ensuite qu'il avait voué à miss Pembrey un amour honnête et sérieux ; qu'il comptait bien qu'un jour elle deviendrait mistress Mauvers, mais qu'en présence de l'incident de la bague, il avait cru tous ses plans renversés et s'était promis de demander une explication. Restait l'objection du célibat auquel le condamnait son titre de « fellow » d'Oxford, et je ne manquai pas de la lui faire : mais il avait réponse à tout. Il comptait renoncer à sa situation actuelle et s'établir comme ministre dans une paroisse du Yorkshire, dont le bénéfice était à la nomination de lord Ruddesley, son camarade de collége, et là, filer des jours heureux en compagnie de l'épouse que son cœur avait choisie.

Ne voilà-t-il pas une série de jolies intrigues? On n'en promet pas tant dans le prologue d'une comédie de Térence.

Onze heures du soir.

Mauvers et moi nous sommes redevenus les meilleurs amis du monde Il sort de ma chambre, où nous avons fumé quelques cigares pour finir la soirée. Il a tenu à me faire la confidence de ses plans d'avenir : j'ai appris de lui, en même temps, d'autres détails qui m'intéressaient davantage sur la famille de Heathmore. Les voici : ils jettent un grand jour sur la situation.

Mademoiselle Delaunay avait dû épouser, comme je l'avais entendu dire, un officier de cavalerie qui se nommait le capitaine Delley; celui-ci était mort aux Indes d'une manière assez tragique. Il faisait partie d'une expédition chargée par le gouvernement colonial d'explorer la partie des montagnes de Belour, voisine de l'Himalaya. Un jour qu'il s'agissait de gravir l'un des pics les plus élevés de cette chaîne, les officiers de la commission avaient dû rester à mi-côte, rebutés qu'ils étaient par les difficultés de l'ascension et la rigueur de la température; mais Delley avait persévéré, malgré leurs prières, et était parvenu à atteindre ce sommet réputé inaccessible. Là il s'était arrêté pour faire diverses observations barométriques et géodésiques, puis avait tranquillement rejoint ses compagnons. Seulement, quand il s'était agi de redescendre, le malheureux capitaine avait été saisi par le terrible sommeil qui engourdit ceux qui s'exposent trop longtemps au froid glacial des hautes montagnes, et l'on n'avait pu le réveiller. Cette mort avait brisé le cœur d'Edmée. Les parents de la jeune fille l'avaient emmenée en Italie pour la distraire de sa douleur; à Nice, elle avait rencontré le lieutenant Vendeville, ancien ami de Delley. Celui-ci s'éprit de la belle affligée, la demanda en mariage et fut repoussé. Le temps finit par avoir raison de ces refus, et mademoiselle Delaunay épousa son obstiné prétendant, qui avait succédé, dans l'intervalle, au titre et à la fortune du vieux baronnet.

Edmée ne s'était jamais consolée bien complétement; à ses regrets vinrent s'ajouter bientôt d'autres motifs de chagrin. Au bout d'un an de mariage, sir Edward s'ennuya de sa femme comme il s'ennuyait de toutes choses, une fois qu'il avait pu satisfaire son premier caprice. A Londres, il avait subventionné une actrice de Prince of Wales'Theater; dans l'une de ses terres, il lui était survenu une aventure qui fut un bel et bon scandale. Le mari d'une de ses voisines de campagne qu'il avait séduite le provoqua et fut tué par lui d'une balle au cœur. Au milieu de la société puritaine du comté l'éclat fut horrible, et sir Edward Vendeville dut renoncer à habiter son domaine. L'avertissement avait suffi, et il s'était amendé; mais sa femme, qui avait fait preuve d'une bonté et d'une résignation angéliques, n'avait pu oublier ce qu'elle avait pardonné. Letemps s'écoulait, le petit Willy grandissait, le bruit de ce sinistre épisode allait s'affaiblissant de jour en jour, sans que rien pût consoler la pauvre Edmée des tristes mécomptes qui, en si peu de temps, avaient flétri ses espérances de bonheur.

Ce récit m'a causé une impression profonde. Maintenant que je sais tout ce qu'a souffert la malheureuse femme, je me sens presque heureux d'avoir si peu à espérer. Si elle m'aimait, ce qui est impossible, ce serait pour elle une douleur de plus. Quand même j'aurais eu le projet de lui parler d'amour, j'y renoncerais aujourd'hui, et ce sentiment doux et amer à la fois mourra dans le plus profond de mon cœur. Chaque nuit, cependant, quand le souvenir d'Edmée chasse de mes yeux le sommeil, quand je me plais à me rappeler toutes les inflexions de sa voix, toutes les attitudes que je l'ai vue prendre, je me demande comment ces pensées, renfermées en moi-même, ne s'échappent pas pour aller lui murmurer à l'oreille un concert d'amour et d'adoration; je me dis qu'il est bien dur de me sentir prêt à lui donner, au prix de tout mon sang, un moment de bonheur, et d'être obligé de passer comme un indifférent, obligé même de comprimer devant elle tous les battements de mon cœur. Ah! pourquoi n'entend-elle pas dans l'air des voix secrètes qui lui disent, bien bas, bien bas : « A deux pas de vous, pendant que vous dormez, il y a un pauvre amour qui veille, il y a une âme qui vous plaint et qui gémit de ne pouvoir fermer les blessures que Dieu vous a si peu épargnées! »

Puis vient la conclusion inévitable de ces réflexions : il faut partir! Et cette séparation sera éternelle. Un jour, je pourrais, en aidant un peu le hasard, revoir Edmée un jour, deux jours, une semaine peut-être; je me promets bien d'éviter cette rencontre. Ce serait m'exposer à souffrir encore, sans soulager aucune de ses douleurs. Quand je songe à Paris, j'éprouve, à la pensée que j'y vais bientôt revenir, le même sentiment qu'un exilé sur la route de Sibérie, s'il entend parler de Tobolsk ou de Nertchinsk. Pauvre pays d'Écosse! Lorsque, tout enfant, je parcourais du doigt, sur la carte, les contours sinueux de tes rivages, j'étais loin de me douter que le meilleur de moi-même resterait attaché à cette île imperceptible qui s'élève au milieu du golfe de la Clyde, près de Killarnoch et de Rothsay!

6 août.

Sir Edward a reçu la visite d'un vieux parent qui n'était pas encore venu à Heathmore. On lui a fait les honneurs de l'île, puis nous sommes montés sur une barque pour parcourir les eaux bleues du petit bras de mer. Le soleil brillait, le golfe était calme comme un rivière; on aurait pu se croire à Naples, si une brise, qui avait passé sur les sommets des Highlands, n'eût modéré la chaleur du jour. Les côtes fuyaient à droite et à gauche; nous apercevions parfois, pendant quelques minutes, une vallée couverte de verdure et séparée de la mer par un petit village, dont les maisons suivaient les courbes de la rive; bientôt une pointe de terre nous dérobait ce coup d'œil, auquel succédait souvent la perspective d'une lande aride, couverte de bruyère et d'ajoncs, où paissaient des troupeaux de moutons et de petits chevaux nains semblables à ceux des Hébrides. Çà et là quelques maisons de plaisance s'élevaient à mi-côte, toutes blanches; de loin en loin un château, semblable à celui d'Heathmore et tout aussi moderne malgré son style gothique, couronnait une colline. Dans le lointain, nous apercevions des voiles blanches. C'étaient les navires qui, de tous les points du monde, arrivaient à Glasgow, ou ceux qui sortaient de la Clyde pour aller peut-être en France, peut-être en Amérique, peut-être aux extrémités de la terre. Il y a, dans les *Études de la nature*, un chapitre remarquable sur le charme qu'un sentiment, une pensée, un souvenir, ajoutent aux beautés d'un paysage; c'est comme l'âme du tableau. Quels étaient ces navires qui fuyaient devant nos yeux, semblables aux oiseaux de mer à qui on les a si souvent et si justement comparés? Quels regards je-taient sur les rivages ceux qu'ils emmenaient ou qu'ils ramenaient avec eux? N'en était-il pas, parmi ces voyageurs, qui revenaient dans leur pays le cœur plein d'espoir? D'autres n'avaient-ils pas les yeux pleins de larmes, en contemplant, pour la dernière fois peut-être, les plaines de cette terre où ils étaient nés, où ils avaient vécu, aimé, souffert? Comme eux, demain, dans deux jours peut-être, je dirai un éternel adieu à cette côte qui n'est pas celle de mon pays; mais c'est la tristesse dans le cœur que j'aborderai cette terre de France que l'on salue, d'ordinaire, avec tant d'ivresse et de si doux transports.

Je faisais ces réflexions tout seul, debout sur l'avant du navire; sir Edward et sa femme causaient sur l'arrière avec leur vieil ami; miss Allen les quitta un moment et me reprocha de rester ainsi à l'écart, rêvant comme quelqu'un qui fait des vers. Elle entreprit alors de me distraire en me racontant ce qu'elle savait de ces rivages, qu'elle connaissait depuis son enfance; elle me nommait tous les caps, toutes les baies, tous les villages, à chacun desquels se rattachaient des souvenirs de sa jeune existence. Je l'écoutais avec bonheur, j'admirais le pouvoir magique que possèdent l'innocence et la beauté pour guérir les plus cuisantes douleurs. Certes, s'il y a au monde une enfant insouciante et heureuse de son insouciance, c'est miss Vendeville.

Les poëtes romantiques, qui placent dans le cœur de leurs « vierges » tout un laboratoire de soupirs ignorés, ne trouveraient guère leur compte avec elle; il n'y a peut-être pas un mot dont le sens la tourmente moins que le mot d'amour, et, dussent les faiseurs d'élégie s'en indigner, elle pourrait vivre bien longtemps sans aimer autre chose au monde que son frère, sa belle-sœur, ses oiseaux et son grand lévrier. Pourtant il semble qu'elle comprenne, d'instinct, tout le bien qu'elle peut faire, rien qu'avec un sourire, et elle est heureuse de prodiguer l'aumône de ce sourire! Aimable et chère enfant! pourquoi ne puis-je rien pour elle, que lui souhaiter tout le bonheur dont elle est si digne?

Nous sommes revenus au château. Rien n'est changé dans notre vie ordinaire; seulement Mauvers, qui n'était pas de la promenade, a dû faire à miss Pembrey sa déclaration en règle pendant notre absence. Je ne sais pas encore le résultat de cette importante démarche.

Sir Edward est toujours le même à mon égard, fort poli, fort aimable, et nous causons ensemble comme de vieux amis, pendant nos heures de chasse et après le dîner; mais, au fond, il ne se soucie pas plus de moi que d'aucune chose en ce monde. Quant à lady Vendeville, je suis fort content du courage que je montre dans mes rapports avec elle. Mon bras tremble bien un peu sous le sien quand nous nous promenons ensemble, mais pas un mot, jusqu'à présent, n'a trahi chez moi la moindre émotion, et j'ai fidèlement observé la défense qu'elle m'a faite de prononcer devant elle le mot de cinq lettres qui lui fait tant de peur. J'ai oublié, je pense, de te parler d'un autre de mes bons amis, le petit Willy; comment n'aimerais-je pas ce charmant bébé, qui a déjà les yeux et les cheveux blonds de sa mère? Il est entêté comme son poney alezan et capricieux comme une créole; malgré cela nous n'avons jamais de querelle ensemble, et je lui apprends, les jours où il a été bien sage, à faire avec son petit fusil l'exercice à la française.

IV

10 août.

Mon cher ami, j'ai peine à te conter avec quelque peu d'ordre les événements survenus depuis ma dernière lettre; mais je fais un grand effort, et je commence :

On nous avait annoncé, mercredi matin, que la vieille mistress Mac-Alister, la mère de mon noble domestique Alexandre, était tombée sérieusement malade. Lady Vendeville voulut aller la voir; je m'offris à l'accompagner, et nous partîmes avec le petit Willy. Hillarnoch est à une courte distance du château, comme je crois te l'avoir dit, sur l'autre rive de la Maulda. Edmée et moi nous entrâmes dans la maison; Willy resta dehors pour jouer avec les petits M' Alister. La bonne femme était assise dans son fauteuil, les yeux fermés, comme une personne assoupie; le médecin de l'endroit, qui était accouru en apprenant notre arrivée, nous dit qu'il avait craint une attaque de paralysie, mais que le danger était maintenant conjuré, que le mieux était de laisser la malade se remettre de la secousse et de ne pas la réveiller. Nous nous disposions donc à sortir, quand tout à coup j'entendis des cris. Mistress Tellison, la bru de la femme que nous étions venus voir, arriva toute bouleversée et nous dit que le feu était dans la grange.

Ce bâtiment, construit en planches et couvert de chaume, touchait à la maison où nous nous trouvions; la fumée s'échappait par les fenêtres, et on voyait même briller des flammes. La cour se remplissait de femmes et d'enfants; le peu d'hommes qui restaient au village arrivèrent à leur tour, mais tout cela songeait à crier et à s'agiter beaucoup plus qu'à éteindre le feu qui faisait des progrès effrayants. Tout à coup lady Vendeville me prit le bras en me disant, les yeux fixes, plus pâle qu'une morte : « Willy est là dedans! » Jamais, je crois, je n'oublirai tout ce qu'il y avait d'angoisse dans ce cri et dans l'étreinte de la pauvre mère, qui me meurtrissait le bras avec sa petite main. Elle avait reconnu la voix de son fils dans les cris qui s'échappaient du grenier placé au-dessus de la grange. Je saisis une échelle couchée dans un coin de la cour, et que personne ne songeait à placer contre le mur; j'essayai de monter jusqu'à la fenêtre, mais deux fois je fus repoussé par la fumée qui me suffoquait. Il me suffit de jeter un coup d'œil sur la pauvre Edmée, qui avait perdu connaissance entre les bras de mistress Tellison, pour me dire qu'il fallait à toute force ravir sa proie à l'incendie. A ma troisième tentative, j'eus le bonheur de pénétrer dans le grenier. Je n'ai plus du reste qu'un souvenir confus. J'entrevis deux enfants, serrés l'un contre l'autre, à l'autre extrémité de la pièce; je pus arriver jusqu'à eux, je les ramassai à terre comme deux masses inertes, et je les descendis l'un après l'autre jusque dans la cour; mais, quand je touchai le dernier degré de l'échelle, je sentis la respiration s'arrêter dans ma gorge, mes mains lâchèrent les montants sur lesquels elles s'appuyaient, et je tombai évanoui.

Quand je revins à moi, lady Edmée couvrait mes mains de baisers et de larmes, pendant que le médecin me prodiguait des secours. Un homme déjà vieux, grand, maigre, et qui paraissait avoir peine à réprimer son émotion en présence de cette effusion de reconnaissance maternelle, se tenait debout à quelque distance. Je le reconnus à son uniforme pour le chef des « coast-guards » ou sauveteurs de la station de Killarnoch. Ses marins contenaient la foule, qui m'aurait étouffé pour me prouver sa sympathie. L'incendie avait été arrêté, mais il ne restait plus rien de la grange, dont les ruines laissaient monter vers le ciel une fumée brune. Pour moi, je me sentais très-faible, mais je ne souffrais nullement, et cette faiblesse même ne manquait pas de charmes ; c'était un complet repos après une grande fatigue. Bientôt pourtant les souvenirs me revinrent, et je fus tout honteux de l'état dans lequel je me trouvais. Je rouvris les yeux, et je fis un effort pour me lever; mais je retombai aussitôt.

« Ne bougez pas, me dit le médecin; vous n'êtes pas blessé et n'avez même pas de brûlure sérieuse: mais quelques heures d'immobilité vous sont nécessaires, et avant demain soir vous serez sur pied. »

On me transporta dans une maison, où l'on me mit au lit: je me laissai faire comme un enfant, et je ne tardai pas à m'endormir profondément.

En effet, j'avais eu du bonheur. Au mo

ment où j'avais pénétré dans le grenier, la fumée était fort épaisse, mais la flamme ne gagnait pas encore la partie que je traversais. J'en étais quitte pour un commencement d'asphyxie et pour tout un côté de ma moustache et de mes cheveux roussi; mais la promesse du docteur se réalisa, et je pus, dès le lendemain, monter en voiture pour regagner Heathmore.

Toute modestie à part, je suis confus des témoignages d'admiration dont je suis assailli. Tirer d'une grange deux enfants qui ont la bêtise d'y mettre le feu en jouant avec des allumettes, ce n'est rien de bien merveilleux; et pourtant, à en croire les bons Écossais, je me suis conduit en héros. Je ne te parle pas de la reconnaissance de sir Edward et de lady Vendeville; mais le coast-guard, un brave qui a sur la poitrine trois médailles, dont une suspendue au ruban tricolore, va prônant partout le « french gentleman »; Alexandre, dont le neveu avait aidé Willy à faire ce beau chef-d'œuvre, jure que pour moi il ajouterait son nom à la liste des trois pendus dont s'honore déjà sa famille, et je ne puis faire un pas dans le pays sans être accueilli par des démonstrations enthousiastes qui deviennent horriblement embarrassantes. Mais ce n'est pas tout, je suis imprimé tout vif dans les journaux du comté, et hier matin j'ai trouvé, à mon réveil, une lettre de M. le consul de France à Glascow, pleine de louanges des plus flatteuses; elle se termine par l'assurance que « le ministre des affaires étrangères sera informé de la conduite honorable que j'ai tenue en cette circonstance; Son Excellence appréciera, sans aucun doute, le dévouement dont j'ai fait preuve, et M*** est heureux de m'addresser ses félicitations personnelles, à titre de compatriote et de représentant officiel du gouvernement de l'Empereur. »

Mes hôtes insistaient pour me garder encore au moins quinze jours; j'hésitais à me rendre à leurs instances, quand j'ai reçu une lettre de Servières qui m'a décidé à cette prolongation de séjour. Le bruit de mon aventure est parvenu jusqu'à lui, et il n'a pas manqué, lui non plus, de m'accabler de compliments; il ajoute que, si je puis l'attendre, il ne tardera pas à venir me chercher, mais que, pour le moment, d'importantes affaires le retiennent dans le Nord. Ainsi donc, cher ami, je demeure quelque temps encore dans les jardins d'Armide, jusqu'à ce que Servières se décide à remplir le rôle d'Ubalde auprès de moi.

11 août.

Je vais tout à fait bien maintenant. J'ai fait couper mes cheveux et raser mes moustaches, ce qui me donne une mine singulière. Grâce à Dieu, le concert de félicitations diminue, et, si mes amis de Heathmore continuent à me vouer une reconnaissance exagérée pour le service bien naturel que je leur ai rendu, on daigne se rendre à mes prières et ne plus me répéter que je suis un héros.

En revanche, j'ai été chargé, aujourd'hui même, d'une étrange mission. Mauvers est venu, tout désolé, me raconter que miss Pembrey n'a pas accueilli ses propositions : il me suppliait d'intervenir auprès de l'institutrice et de plaider sa cause. Je m'y suis d'abord refusé, lui disant que ce rôle ne convenait ni à mon âge ni à ma situation; mais il m'a tant prié, que j'ai dû lui promettre de parler en sa faveur. Je suis allé trouver miss Pembrey, et, tout en la priant d'excuser ce qu'il y avait de singulier dans la démarche que je risquais auprès d'elle, je lui ai demandé si son refus était bien définitif. J'ai fait valoir la convenance de l'union qui lui était proposée, le mérite personnel de Mauvers, l'amour qu'il lui portait ; je n'ai pas osé, comme tu penses, faire sonner trop haut ma meilleure raison, à savoir l'invraisemblance qu'il y avait à ce qu'une occasion pareille se présentât pour une jeune lady dont l'été s'avance autant que celui de la rebelle institutrice. Elle s'est renfermée d'abord dans une bouderie silencieuse, ne répondant que par de petites phrases toutes pleines de sous-entendus dans lesquels mon orgueil a cru voir des reproches adressés à mon indifférence. Je ne me tins pas pour battu; Mauvers est, en réalité, un brave garçon, malgré tous ses ridicules, et j'avais à cœur de le servir de mon mieux.

« Réfléchissez, je vous en conjure, dis-je à l'institutrice; quel caprice vous fait refuser une proposition aussi honorable, aussi avantageuse? Ce n'est plus comme l'ami de Mauvers, c'est comme le vôtre, ma chère miss Charlotte, que je vous supplie de faire le bonheur d'un digne jeune homme qui vous aime sincèrement. Vous me permettez, n'est-ce pas, de vous dire que je ressens pour vous une sincère affection, et que je serais heureux si ce malentendu.... »

Elle ne m'en laissa pas dire davantage. Avant que ma phrase fût finie, je la vis se lever, sortir du salon, où nous nous trouvions seuls tous les deux, et se sauver dans le massif de sapins qui entoure la pelouse. Je la suivis; quand je pus la rejoindre, la pauvre fille était toute en larmes. Je me sentis moi-même un peu ému; je la consolai de mon mieux. Après de nouvelles prières, il me parut que je l'avais à peu près persuadée.

« Allen ne ment pas, dit-elle, en prétendant que vous autres Français vous valez souvent mieux que les autres, avec vos airs de vous moquer de tout. Je n'oublierai pas combien vous avez été bon pour moi aujourd'hui, et je serai très-heureuse si vous me croyez sincèrement votre amie. Je réfléchirai encore ; mais je crois qu'après tout vous avez raison. Adieu ; je ne puis vous en dire davantage. »

Voilà où en sont les choses ; et je ne doute pas que miss Pembrey ne finisse par céder.

Quant à lady Vendeville, je suis plus réservé que jamais avec elle. Maintenant qu'elle pense m'avoir quelque obligation, je ne veux pas l'exposer à croire que j'abuse de sa reconnaissance pour lui parler un langage qu'elle m'aurait interdit il y a huit jours. Et pourtant, mon ami, qu'elle est belle et séduisante ! Si tu savais comme ma tête se perd quand je sens son regard arrêté sur moi ! Au moment où je t'écris, son image flotte encore devant mes yeux; je m'interromps cent fois pour me livrer au bonheur de la contempler, et il me faut du courage pour noircir ce papier, quand il est si doux de goûter, en imagination, des plaisirs que la réalité ne me donnera jamais.

Un concours de circonstances assez rare a fait qu'hier au soir je me suis trouvé seul avec lady Vendeville dans le pavillon de miss Allen. Sir Edward, souffrant de douleurs qu'il appelle des rhumatismes, et qui, je pense, sont bel et bien la goutte, s'était retiré dans sa chambre après le dîner. Mauvers, maintenant le plus heureux des hommes, était resté à faire sa cour à miss Pembrey, devenue officiellement sa fiancée; Allen, Edmée et moi nous allâmes visiter le pavillon, que le baronnet a eu le caprice de faire meubler. Le piano avait été accordé le matin même, et nous nous mîmes à l'essayer. Allen nous quitta je ne sais plus trop pour quel motif, et c'est alors que je restai en tête-à-tête avec sa belle-sœur.

N'as-tu pas remarqué qu'à de certaines heures, nous croyons nous retrouver dans une situation morale et physique absolument semblable à une autre où nous nous sommes antérieurement trouvés? Cette soirée dans le pavillon de Heathmore me rappelait celle de Montluzy. Comme alors, je me sentais invinciblement attiré vers Edmée, qui ne soupçonnait pas plus qu'il y a huit ans, les sentiments qu'elle m'inspirait; en outre, je savais que dans quelques jours elle serait perdue pour moi, comme elle l'avait été après notre première entrevue. L'heure du jour, l'aspect du ciel, l'époque de l'année étaient les mêmes; seulement, nous avions sous les yeux la vallée de Heathmore au lieu de celle de Rieulles, et la mer, la mer immense, au lieu de la Seine.

Lady Vendeville subissait-elle aussi, sans s'en rendre compte, le pouvoir de ces souvenirs? Je l'ignore, mais je sais qu'elle commença à chanter comme dans le salon de madame de Champrevers, tout bas d'abord, puis bientôt à pleine voix, sans paraître se rappeler ma présence. Moi, j'étais debout devant la porte-fenêtre, regardant les reflets du soleil couchant sur la mer, et comptant les étoiles qui se levaient successivement, comme pour me dire que cette heure avait jadis été celle de ma première folie, *fulsere ignes et conscius æther*. Je songeais aux huit années que le temps avait, depuis lors, amassées sur ma tête; je comptais leurs ravages, et me disais qu'ils connaissaient bien mal la vie humaine, ces peintres qui représentaient les heures sous la forme de belles jeunes filles répandant sur la terre des parfums et des fleurs. Les heures sont des voleuses, embusquées à tous les détours de ce « fleuve de la vie, » cher aux romances; comme les anciens barons normands qui rançonnaient, de Honfleur à Rouen, tous les navires qui remontaient la Seine, elles nous font payer notre passage en nous prenant ici une illusion, là une espérance. Je me livrais à ces réflexions, tout en contemplant distraitement le gracieux paysage que j'avais devant les yeux, et qui contrastait singulièrement avec la nature sauvage du reste du pays. Un peu plus loin que la verdoyante vallée de Heathmore, de l'autre côté du détroit, les sauvages falaises du Butshire se dressaient comme d'immenses bastions blancs. Ce n'étaient plus les molles collines de l'Oise; je me sentais transporté sous des climats où le ciel est plus rude et où les étés sont plus courts; j'avais fait le même voyage que mon esprit; j'avais remonté toujours plus avant vers le pays du froid.

Comme la poésie, la musique est une grande enchanteresse. En écoutant Edmée, je me sentais ramené à des pensées plus douces. Les mélodies italiennes qu'elle chantait sont plus dangereuses à entendre, sans doute, que ne le fut ce poëme qui jeta Paolo Gianciotto dans les bras de Francesca. Je me rapprochai donc de lady Vendeville, et me tins debout à côté d'elle, oubliant pour un moment toutes mes tristesses et tous mes ennuis. Tout à coup je fus envahi par une singulière émotion; elle venait de commencer un air que je connaissais bien, — celui de Ben Bault.

« Oh ? non, Edmée, lui dis-je, ne chantez pas cet air ! Vous l'avez chanté une fois déjà devant moi, il y a huit ans, à Montluzy ; vous rappelez-vous cette soirée ? J'ai obéi, ce soir-là, à un enivrement passager ; mais jamais depuis je ne vous ai oubliée, et si vous ne m'avez pas reconnu depuis quinze jours que nous vivons ensemble, je vous ai reconnue, moi, du premier coup ; maintenant, — comment ne pas prononcer un mot que j'ai promis de ne jamais vous dire, — maintenant, je sais que depuis l'heure où j'ai mis le pied à Heathmore, un sentiment unique a dominé ma vie ; il est plus fort que toutes les résolutions de silence que j'avais prises, et le dangereux souvenir que vous venez d'évoquer involontairement m'arrache malgré moi mon secret. Ne l'aviez-vous pas deviné déjà vous-même ? Ne compreniez-vous pas qu'il n'y a pas dans mon cœur une si pepetite place qu'elle ne vous appartienne tout entière ? Laissez-moi parler, je vous en conjure, puisque je n'ai pas eu le courage de vous cacher la souffrance qui me tue.

Cette occasion est peut-être la dernière où je puisse vous dire que je vous aime, que je vous adore, que je déteste ma vie, puisqu'elle doit s'écouler loin de vous. Je vais partir, que craignez-vous d'un absent ? »

En disant ces mots, je m'étais assis tout près d'Edmée ; je tenais ses deux mains dans les miennes, et ma bouche touchait presque son front. Elle me laissait faire, sans s'irriter nullement ni se défendre.

« Mon ami, répondit-elle enfin avec un sourire triste, je vous plains de tout mon cœur. Vous ne savez pas à qui votre amour s'adresse. Il n'y a pas au monde une femme qui soit, plus que moi, morte à tout sentiment de tendresse, à toute inspiration franche et spontanée. La jeune fille que vous avez entrevue, il y a longtemps déjà, n'existe plus en ce monde ; il reste une femme dont la vie n'a été qu'un long chagrin, qui n'a plus de force que pour souffrir, plus d'espoir que dans l'oubli. Quand je songe à Montluzy, à madame de Champrevers, à ces heures passées en France, il me semble que je me rappelle l'histoire d'une autre, que j'aurais entendu conter autrefois. Ne croyez pas que je me pose en victime d'une fatalité à laquelle je n'ai jamais cru ; je suis simplement une femme qui est tombée sur un mauvais lot à la loterie de ce monde, et qui se sent le cœur froid et l'esprit desséché. Ce cœur serait un triste présent, quand même il pourrait vous appartenir. Oubliez-moi donc, ou du moins n'espérez pas que je puisse partager avec vous autre chose que mes tristesses.

— Edmée, chère Edmée, vous oubliez votre jeunesse, et Dieu, qui ne vous a pas condamnée à un deuil éternel, et mon amour, qui est assez fort pour vous communiquer un peu de sa force et de sa sève! Si la jeune fille est morte en vous, la femme qui souffre et qui pleure mourra à son tour ; ces longues années qui se présent à vous, croyez-vous qu'elles ne puissent vous apporter que des sujets de larmes? »

Elle m'avait laissé m'agenouiller devant elle, sur le tabouret placé sous ses pieds.

Elle parut s'émouvoir un moment, ferma les yeux et demeura toute rêveuse, puis enfin se leva, et, me tendant la main :

« Non, dit-elle tristement, il est trop tard ! »

Ce mot vibrait encore à mon oreille, quand Willy entra dans le pavillon pour souhaiter le bonsoir à sa mère avant d'aller se coucher.

« Va embrasser ton meilleur ami, — *your best friend* — c'est le nom que me donne le petit garçon — dit lady Vendeville. »

Puis, prenant la main de l'enfant, elle sortit du pavillon.

13 août.

Ce séjour de Heathmore me paraît horriblement triste maintenant. Lady Vendeville et moi nous sentons qu'il y a entre nous, depuis que je lui ai tout dit, encore plus d'intervalle qu'auparavant. Je la vois rarement, du reste ; elle quitte sa chambre le moins possible.

Mauvers et miss Pembrey sont partis. Le clergyman veut présenter à sa famille la future mistress Mauvers ; sir Edward a la goutte ; Allen répand seule un peu de joie parmi nous.

Pour moi, je suis tellement découragé, que je me sens à peine la force d'écrire. Je fais mille projets par jour, et je ne puis en exécuter un seul. Je reste, je reste toujours, faute de trouver le courage nécessaire pour partir.

Miss Allen me reproche encore mes tristesses. Ce matin, elle m'en demandait la raison. « Je ne puis vous la dire, ai-je répondu ; si je vous racontais mes misères, vous ne les comprendriez pas. Priez Dieu de ne vous mettre jamais en état de les comprendre.

— Je le prierai plutôt, répliqua-t-elle, de les faire finir. Je ne suis pas une grande sainte ; promettez-moi pourtant d'avoir confiance en mon intercession, et je suis sûre qu'un jour je vous retrouverai consolé. Vous me remercierez bien, ce jour-là, n'est-ce pas? »

V

16 août.

Le lord lieutenant du comté est arrivé à Heathmore. Sir Edward, que le retour du beau temps a guéri, a invité, à cette occasion, la plupart de ses voisins de campagne. Il y en avait beaucoup, les uns avec leurs femmes — comme dans la chanson, c'était le plus grand nombre, — et les autres tout seuls. Si j'avais été moins enfoncé dans mes brouillards, je pourrais te tracer une série de portraits qui, je m'en flatte, ne manquerait pas d'intérêt; il y avait là une collection variée de figures anglaises, les unes charmantes, les autres grotesques, qui valaient bien l'honneur d'être étudiées. Je n'étais pas, pour de très-bonnes raisons, disposé à me livrer à ces études; je passe donc une suite d'incidents dont j'ai été le témoin très-peu attentif, et j'en viens à ce qui s'est passé le 14 de ce mois, avant-hier.

Ce jour-là, il y avait grande chasse dans la forêt de Killarnoch. Nous sommes tous partis au point du jour, à cheval ou en voiture. Cette forêt est très-grande et coupée par de belles routes de chasse. On s'est arrêté, pour déjeuner, dans un pavillon construit au centre de l'étoile principale, et, après les toasts qui terminent tout repas britannique, les chiens ont été lâchés.

Ce n'était pas une chasse à courre. Les chasseurs se postaient, à cheval, sur les routes où l'on présumait que passerait le daim traqué par la meute. La pauvre bête peut, de cette manière, faire courir longtemps ses ennemis, mais elle finit par traverser un sentier trop bien gardé, et une charge de plomb l'arrête au passage.

J'avais résolu de faire bravement mon devoir de chasseur. Toute la matinée, j'arpentai infatigablement les grands bois; je vis deux fois le gibier, mais deux fois une étrange fatalité me le fit manquer. Vers trois heures, moins habitué que mes compagnons à ces courses fatigantes, je perdis la trace de la meute. Je me trouvais alors en pleine forêt, aussi égaré que possible; je n'entendais plus ni les aboiements des chiens ni le bruit du cor. Alors je descendis de cheval, et me couchai sur le bord du chemin.

Ce chemin était une longue allée droite, pleine d'herbes et entourée de tous côtés de grands chênes. Le soleil, encore assez ardent à cette heure, projetait de grandes ombres sur le gazon; la solitude était complète, et on aurait pu se croire à cent lieues de toute habitation. Épuisé de fatigue, je ne tardai pas à m'assoupir. Quand je m'éveillai, au bout d'une heure, je repris mon fusil, je remontai à cheval, et je tâchai de me diriger vers Heathmore en me guidant sur le soleil, qui commençait à décliner.

Mais la chose n'était pas facile, et au bout d'une demi-heure, je m'aperçus que je n'avais réussi qu'à m'égarer davantage. Assez perplexe, je m'arrêtai à un carrefour où plusieurs chemins se croisaient; je cherchais celui qu'il fallait prendre, quand j'entendis, derrière moi, le bruit, amorti par la mousse, du galop d'un cheval. C'était lady Vendeville, en amazone verte, coiffée d'une petite toque sur laquelle flottait une plume de même couleur. Je ne pus m'empêcher, en l'apercevant, de penser à cette Diana Vernon, chère à ma jeunesse, et dont l'image charmait, quand j'étais collégien, les rêves de ma quinzième année.

En m'apercevant, elle me demanda comment il se faisait que je fusse si loin de la chasse et du château. Je le lui expliquai, et nous commençâmes à suivre ensemble, au pas de nos chevaux, la route du logis. Edmée rompit le silence la première.

« Vous me boudez? dit-elle. Vous êtes vraiment bien injuste. Je voudrais vous faire comprendre qu'il n'y a, dans ma conduite à votre égard, ni méchanceté, ni dédain. Je vous traite comme un grandenfant que vous êtes, mais croyez bien que je ne vous en veux nullement, et qu'au fond je vous plains. Vous retrouvez, tout au bout du monde, une compatriote auprès de laquelle vous passez un grand mois; il y a autour de nous des arbres, de l'eau, et, sur notre tête, un beau ciel d'été; l'amour devait se mettre de la partie, n'est-ce pas? Heureusement la compatriote a eu de la raison pour deux, elle a refusé de remplir son rôle dans le programme. Franchement, Maurice, a-t-elle eu tort? Si j'avais été plus faible, que serait-il advenu? Pour le plaisir de mettre un chapitre au roman, nous aurions fait notre malheur à tous deux, et Heathmore aurait été une triste étape de votre vie.

— Je ne vous boude pas, Madame, lui répondis-je, et votre bonté me touche jusqu'aux larmes. Seulement, vous vous méprenez sur mon amour. Il a grandi dans un coin de mon cœur que j'avais, moi-même, ignoré jusque-là; maintenant, quand je pense à l'en arracher, je trouve la chose impossible : la petite plante est devenue un grand arbre.

— Je ne suis pas bien vieille, Maurice ; mais je suis femme, et, à ce titre, je puis prétendre à plus d'expérience que vous. Je ne vous dirai pas de m'oublier ; je compte que nous serons bons amis ; je ne vous conseillerai même pas de reprendre, séance tenante votre calme et votre raison, vous n'y parviendriez peut-être pas. Mais il faut quitter Heathmore, retourner à Paris...

— Je ne le sais que trop, qu'il faut quitter Heathmore! Depuis que je vous aime, cette pensée du départ n'a pas cessé un moment de me tourmenter. Mais à Paris, loin de vous, que deviendrai-je?

— Laissez-moi donc finir ; vous ai-je dit que nous ne nous reverrions plus? Dans trois mois, dans six mois, quand vous vous sentirez tout à fait raisonnable, vous reviendrez. D'ici là vous m'écrirez et vous me tiendrez sincèrement au courant des progrès de votre guérison. Si, de retour ici, vous vous y plaisez autant qu'aujourd'hui, eh bien! nous aviserons à trouver un moyen de vous retenir longtemps, très-longtemps, aussi longtemps que vous voudrez. J'ai là-dessus de grands projets, et je crois bien que vous n'y serez pas trop contraire. »

Edmée souriait en parlant ainsi.

« Je vous promets, lui dis-je, de vous obéir aveuglément. D'où vous vient donc ce pouvoir de guérir, avec quelques paroles les blessures que vous avez faites? La perspective de vivre près de vous à Heathmore me suffit; je me sens déjà assez fort pour vous promettre que, si vous me permettez de rester quelques jours encore, je ne vous exposerai plus à....

— Non, demain, vous oublieriez vos paroles d'aujourd'hui. Vous êtes un convalescent trop peu robuste encore! Il faut partir; mais puisque je vous dis que vous reviendrez! »

Je ne me rendais pas très-bien compte des intentions de lady Vendeville. Quel était ce projet mystérieux qu'elle avait formé à mon égard? Je l'interrogeai là-dessus, au moment où nous rentrions au château; elle ne voulut pas me répondre; mais je la tourmentai si bien qu'elle me promit, pour le lendemain, une plus ample explication.

17 août.

Ce matin, pendant que nous étions tous assis dans le salon, en attendant l'heure du déjeuner, un domestique annonça qu'un navire portant la flamme tricolore venait d'arriver devant le château. C'était la *Serpentine !*

Malgré mes bonnes résolutions, je me sentis pâlir et près de me trouver mal. C'était l'heure du départ qui venait de sonner. En effet Servières parut au bout d'un instant; il passait la journée avec nous, mais le soir même il devait mettre à la voile.

Edmée fut parfaite pour moi. « Prenez courage, me dit-elle au moment où nous

nous mettions à table, vous nous reviendrez. »

Après le déjeuner, je la pris à part et la suppliai de me faire la confidence de son grand projet.

« Comment ne l'avez-vous pas deviné? répondit-elle. Il y a un moyen bien simple de rester ici autant qu'il vous plaira : cherchez-le bien! Vous ne trouvez pas? Allez le demander, alors, à cette personne-là, ajouta-t-elle en montrant Allen qui venait à nous. J'ai tout lieu de croire qu'elle est à même de nous aider beaucoup. »

Je compris enfin.

« Si M. Maurice revenait ici pour quelque temps, dit lady Vendeville à la jeune fille quand elle fut près de nous, l'aiderais-tu à trouver une raison pour rester toujours? »

Miss Vendeville rougit extrêmement et ne répondit que par un sourire. J'éprouvais moi-même une émotion involontaire. Je lui pris la main, et lui dis : « Si votre prophétie se réalisait un jour; si, grâce à vos prières, ma tristesse des jours passés s'évanouissait comme un vilain brouillard ; enfin, si je me consolais, voudrez-vous me rendre tout à fait heureux ?

« Peut-être ! » répondit-elle sans retirer sa main.

Port Patrick, 19 août.

Je partis le lendemain, plus troublé, plus agité, plus perplexe que je ne saurais l'exprimer. Une étrange révolution commençait à se faire en moi. Deux images charmantes se disputaient mon cœur, et j'allais de l'une à l'autre, ne sachant à laquelle des deux m'arrêter. Cependant, il y en avait une qui pâlissait peu à peu et s'effaçait insensiblement. Elle avait déjà la mélancolie d'un souvenir, tandis que l'autre, fraîche et parée de tous les dons de la jeunesse, m'apparaissait comme une espérance. Je pleurais la première, et je souriais à la seconde. Le temps était radieux, la mer splendide, et, en jetant sur le rivage un dernier regard, je remerciai Dieu de m'être ainsi tiré de l'ÉPREUVE à laquelle j'avais été soumis.

FIN

Paris. — L. Poupart-Davyl, r. du Bac, 30.

www.ingramcontent.com/pod-product-compliance
Lightning Source LLC
LaVergne TN
LVHW020030170826
845678LV00001B/203

* 9 7 8 2 3 2 9 7 3 2 2 2 0 *